JN410511

# 쉬엄쉬엄

이소애 시집

문학의전당 시인선
341

# 쉬엄쉬엄

이소애 시집

문학의전당

## 시인의 말

점(點)은
원고지에 옮길 수 없는 가상적 존재,

손바닥에 점을 찍는 순간
점이 아닌 면으로 보일 때가 있다.

세월에 덴 흔적은
끝내 지워지지 않는 주름이 되었다.

아름다운 무늬로 변신하고 싶었지만……

내 시는
파편화된 감정이 서로 엉킨 점의 집합이다.

2021년 8월
이소애

## 차례

## 제2부

## 제3부

## 제4부

# 제1부

# 붉다

흰빰검둥오리 한 마리
부러진 세월 같은
연대 사이를 간다
접은 날개에 욱여넣은
외로움이 붉다

피 울음 울던 영혼인 듯
한 시절 당당했던
꽃대에 얹힌 노을도
붉다

내 마음속 마른 잎맥의
고요를 꺾는다
노을이 번지는 덕진연못
연하교도 핏빛이다

나도 따라 붉다

# 내 안의 나

내 안 어딘가에
없는 듯 숨어 있던 내가
고개를 쳐든다

분노
미움
슬픔
증오
좌절

분명 내 것이나 내 것이 아닌*
내 안의 내가
빰을 꼬집는다

---

*고영 시인의 시 「원고지의 힘」에서 변용.

# 먼지처럼

있으나 보이지 않는

없는 듯 떠 있고 싶었다

숨죽여
창틈으로 비치는 빛줄기에나
비춰보고 싶었다

보이지 않으나
어디든 떠 있는

한없이 가볍고 싶었다

눈만 흘겨도 사라질 먼지처럼
날아가고 싶었다

# 안심

이파리가 날린다
꼭 관리소장의 지청구만 같아
오금이 저리다

잔소리처럼
느티나무가 저를 털어낸다
주차장으로 자동차 위로
멀리 관리사무실까지

한나절 쓸고 쓸어도
온통 낙엽이다
떨어져 뒹구는 낙엽처럼 행여
내 목도 떨어질까,

쓸어내는 일 각다분해질 때면
재계약이 코앞인 경비원 김 씨
외려 안심한다

느티나무도
내년 봄 새잎 돋으려 저렇게
털어내는 거다

# 나비

야생화를 좋아했다
구속과 해고의 바람을 견뎌온
나비 한 마리 허공을 간다

살아서 돌아가지 못한
공장 마당을 나풀나풀 날고 있다

복직은
울 너머 장다리 밭 같은 것
사막의 신기루 같은 것
나비 한 마리
평생 헛발을 딛고 날았다

운명처럼 허공을 딛어야만 했던
나비 한 마리
꽃잎처럼 졌다
짧으나 짧은 봄볕을 헤치고
울 넘어간다

## 소통

성에 낀 유리창은 블라인드 커튼,

잠 설친 심장이 빠르게 뛴다 내 안의 가쁜 숨소리 들린다

밤새도록 시베리아를 헤매고 돌아와

안과 밖 사이 성에 낀 유리창에 혀를 내민다 "녹이고 싶어" 라고 써 본다

블라인드 커튼 뒤가 아른거린다

닫힌 유리창에 낀 성에로 마음이 열리는 새벽, 춥다

## 태풍

제9호 태풍 '쁘라삐룬' 경로가 심상치 않다

돌려쓴 카드 막지 못해
관광버스처럼 빨간 딱지 붙었다
18평 임대아파트는 밤마다
꿈길 사납다

구경하며 돈도 버는,
꿩 먹고 알 먹을 것 같았다
급전 끌어 산 관광버스가
역마살 김 기사의 발길을 잡는다

먼 옛날 굴러다녔다던
코로나 택시도 아니고 코로나19에
가을 대목도 글러먹었다

아슬아슬 곡예 운전 전문이지만
김 기사,

코로나 경로에 눈 뗄 수 없다
강원도 25명 확진!
제길, 내일 설악산도 빵구다

코로나 비껴가는 청정지역은 없습니다,
태풍이 예사롭지 않다

# 누름돌

햇살 좋은 베란다에 내 나이쯤, 돌확이 있다 철들기 전부터 어머니는 보리쌀이며 고추 가는 일을 시켰다

나이 든 나처럼 허전할 것 같아 누름돌 두 개를 얹어놓았었다 완도 바람 품은 돌과 여차 몽돌해변의 파도 무늬 돌

둥둥 떠가는 풍선 같은 마음 잡아놓던 누름돌, 마늘장아찌를 눌러뒀다 장아찌에 마침맞게 맛이 들었다

맛깔 나는 짠맛이 온몸에 스며든 장아찌, 너를 향한 내 그리움 같은 파도와 갈매기 소리 욱여넣었을 터다

# 전동성당

돌계단이 무릎을 꿇는
가슴 활짝 열어주는 전동성당에 가면
손잡아 주는 문이 있다

가쁜 숨 몰아쉬며 묵상하러 간다 영혼의 밑바닥에 숨겨둔 마음 끌고 간다

하루가 마지막이듯 쓸쓸한 바람이 휘감는다 돌기둥 아래 엎드린다 들리지 않던 소리, 읽을 수 없던 기도문, 소리 낼 수 없는 참회가 들린다

비로소 비가 내린다
비로소 문이 열린다

내 영혼이 돌계단 가장 깊은 곳, 나를 부수며 참회하는 곳
그 사랑을 알게 하소서
그 사랑을 믿게 하소서

# 용서

더듬더듬 귀가 열린다
슬프디슬픈 강물 소리가
바람에 실려 온다
내 안의 나를 깨운다

나무가 시간의 형상인 것처럼
나이테 속 나를 이제야 알겠다

삿대질로 찔러대던 사람,
예리한 칼날이 되어
피 터지게 싸우던 사람,
썼다가 지우기를 하룻밤 골백번
잠 설쳤다는 말 달고 산다

그날의 몸짓이 들린다
그날의 말짓이 보인다
이제야 겨우
용서라는 암호 해독할 수 있겠다

주르르 손가락 사이로 새나가는 모래알
한 줌 쥐어본다

## 쉬엄쉬엄

한낮 마당에
없던 그림자가 얼씬거린다
해고당했다는 말 없었지만
뜨끔하다

일없이 신문을 뒤적거리다가
"일자리 해결"
"코로나 쉼쉼 경영"
쉼쉼 백신 처방에
밑줄 긋는다

4일 근무에 3일 쉰다는
3일 일하고 4일 논다는 말 안심이다
코로나 쉼쉼,
월화수목 뻐 빠지고 금토일 또 쌔 빠진
네겐 특별휴가 아니겠냐

네 그림자의 양어깨가 수평을 잃었구나

그래 쉼쉼 아니
쉬엄쉬엄,

# 비움

간절한 기도 끝에
채운다

빈 듯하던
꽉 채운 물항아리가
비로소 텅 비어
충만하다

들릴락 말락 신의 음성

손에 쥔 먼지도
놓고 가라는 말씀

# 돌아오기 위해 떠난다는

소리가 소리를 삼킨다
삼킨 슬픔이 너울성 파도를 만든다

당신, 돌아오기 위해 떠난다는
진짜 거짓말이다

오늘은 떠나고
내일은 다시 돌아오겠다는 약속은
파도처럼 밀려갔다 밀려올까,

관성으로 숨을 쉰다
돌아오기 위해 떠난다는 이별을 배웅한다

사랑하기에 헤어진다는
진짜 거짓말 믿지 않기로 한다
파도의 우기는 당신은
너울이다

# 죄

아무것도 할 수 없다
허락되지 않는다
코로나19가 마스크를 씌운다
구차한 변명 따윈 듣고 싶지 않다는 듯

지은 죄도 모르고
사람 없는 골목만 골라 간다
전봇대 아래 민들레를 밟고 간다
제 몸보다 열 배는 큰 짐을 울러 멘
개미 떼 긴 행렬,

입 꾹 다물고 말을 뚝 잠그라는 이상한 세상
다섯 명 이상은 만나지도 말란다
혹시 내가 빨갱이?

백신 주사 언제 맞을까, 고민 또 고민하다가
억울하다 하소연하다가
민들레를 밟은 죄,

개미 행렬 끊은 죄,

배불러 죽고 좋아 죽고 그제 죽고 어제도 죽은 죄

죄목이 차고 넘친다

## 나무와 까치

바람 때문이었다
나무는 그늘이 없고
까치는 울지 않았다

까치가 둥지를 짓자 나무는
흔들리는 저를 가만 붙들었다

나무가 저를 붙들자
세를 든 까치도
깍깍 깍, 새끼를 쳤다

지붕도 없고 이불도 없는
나무와 까치가

바람 앞에
그늘을 짓고 고독을 허문다

# 제2부

## 미역국

진도 맹골죽도 갯바위 돌미역은 낫 자국이 있다 미역귀에서는 거친 파도 소리가 난다

따개비처럼 바위에 붙어살았다 파도인 양 바람인 양 평생 갯바위와 한 몸이었다

물고기처럼 바닷물에 젖어 있는 김서운 할매네 돌담 아래 세워둔 김발, 핏빛 노을이 물들고 있다

맹골죽도 사람들 날마다 미역국을 끓이는 건, 살아남은 그날 그날이 생일이기 때문이다

# 사회적 거리

코로나19 진단검사 후 날짜가 잡혔다 보호자는 한 명, 간호는 아들에게 맡기고 네온사인 화려한 모텔에 들었다 사회적 거리? 침대와 침대 사이가 멀다

남편 퇴원 후,
양지바른 101동 대추나무와 목련 사이가
사회적 거리인 걸 알겠다
백목련 마른기침에
대추나무 잔가시 움츠리고
서로 밟지 않을 거리에서
비바람에 흔들려도 팔 닿지 않을

음압 격리병실처럼
침묵은 생존이다
서로 찌르지 않고 찔리지 않아야
저 대추 곱게 붉어질 것이다

나와 남편

딱 그만큼의 거리로 떨어져 익어왔음을 알겠다

침대와 침대가 너무 멀다

# 바다와 파도

엎드려 산다
흰 거품 목에 감고 장바닥을 긴다

어머니는 아들의 바다,
바닥에 엎드린 두 눈이 일렁인다
오체투지는 제 몸의 비린내를 맡는 것

스티로폼 좌판 위 꽃게 열댓 마리
온몸으로 민다
문고리에 밥숟갈 걸어놓고 온
어머니께 간다

꿈틀거리는 꽃게의
다리 잘린 상처가 어둠으로 깔린다
파도는 두고 온 바다를 생각한다

사는 일 역파도의 소용돌이일지라도
잡은 손 놓치지 않으려

오늘도 어시장을 기고 또 긴다

손때 절은 하모니카는 끼룩끼룩
구슬픈 항구를 노래한다
제 상처 아물 때까지

파도가 바다를 떠날 수 없듯
바다가 파도를 버릴 수 없듯
어머니와 아들
그렇게 산다고 한다

## 신발

흐릿흐릿 흔들리며 노인이 간다
신발이 끌고 간다

어물전 휘돌던 생각
고개 끄덕 눈인사로 발길 옮긴다
형제 생선은 동생만 우두커니,
간 갈치 좌판 기침 소리 흔적 없다
어물전 가로질러
아슬아슬 포개놓은 옹기장사 빈자리에
초봄 햇볕이 졸고 있다

순댓국에 왕대포 한잔
전주천 바람을 두르고 휘청거리던 걸음
신발은 기억한다

완산칠봉 매화꽃 필 무렵
이름뿐인 쇠전다리 건너 남부시장 가는
노인보다 닳은 신발이 있다

## 도보다리의 증인

박새, 직박구리, 멧비둘기, 붉은머리오목눈이 판문점 도보다리 숲속 나뭇가지에 앉았다

자주통일의 문 활짝 열렸노라, 솔새가 녹음하고

오색딱따구리와 섬휘파람새는 군사분계신 끊어진 하늘길에 꾹꾹 발자국을 찍었다

방울새는 짹짹거리고 청딱따구리는 끼끼끼끼

다리는 두 세상을 잇는 것, 한 발 한 발 걸어가는 것, 되지빠귀와 알락할미새와 꿩 꿩 우는 꿩이 증인이었다

땅에서 하늘에서 오늘도 그날의 밀담을 날리고 있다

## 삐걱

아귀가 맞지 않는다
반백 년 된
당신과 내가 삐걱거린다
맞대고 있는 경첩부터
귀퉁이가 무너진다

광목 버선 두어 죽과
누렇게 바랜 모시 적삼
큰아이의 배냇저고리도 넣어둔
장롱

붙어 있되 떨어져야 하건만
떨어졌으나 한 몸이어야 하건만
아귀가 맞지 않는다
이정표 없는 먼 길에 풀풀
흙먼지 날린다

너무 오래되었나,

맞지 않는 게 아귀만이 아니다
무르팍도 삐걱댄 지 오래다

# 집

전주천변 서커스단 나팔 소리가
하얗게 거짓말을 시킨 집

탱자나무 울타리 돌아 빨갛게
앵두가 익어가던
키 큰 전봇대가
꼭꼭 숨은 동생을 잘도 찾아주던 집

하늘보다 미원 탑이 높고
병태와 영자의 백도극장이
빼꼼 보이던 집
아이스께끼 집 옆을 돌아 곧장 가면
태극당 단팥빵이 달콤하던 집

완산동 매곡교가 보이는 골목
내가 시작된
집

## 하늘

노란 봄볕이 피었다

갓 깨어난 병아리들,

모이를 쪼다가 물을 마신다 물 마시고 하늘을 올려다본다

그렇게 늘 나를 내려다봤을 하늘

머리에 이고도 까맣게 잊고 살았다

이런 닭대가리……

# 생각을 그리다

HB연필을 타고
태양 아래 저 푸른 A4 초원을 달린다

늙은 돈키호테를 지켜보아야만 하는 산초처럼
현실과 환상이 뒤엉킨 어정쩡한 내가

베란다에서 주방으로
안방 휘돌아 응접실 건너 다시 베란다로
우둔한 필치로 기억을 끄집어낸다

다시 두근거릴 수 있지, 그럼
혼잣말을 한다

A4용지를 메꾼 조각들은
풍차의 날개였나,
돈키호테가 과거를 용서 청하듯
영혼의 순례길을 또 한 바퀴 돈다
둘시네 공주,

한나절 저 푸른 초원 같은
생각을 그렸다

# 월남치마

유기그릇 광주리 머리에 이고
새벽 사립문 나선 울 엄마
가로등이 켜졌는데 감감무소식이네

또가리 입에 물고 고샅길 어귀에서
날 부르지 않네 고요하네

개에게 치맛자락 물어뜯겼다는
청기와집에 갔을까
고래 힘줄 같은 외상값 받으러 갔다가
고추 꽁다리 따고 있을까

등에 업힌 막냇동생 칭얼거리네
암만 영어 단어를 외워도
영 외워지지 않네

연탄불은 꺼져가고 쌀독은 비었네
찔끔찔끔 눈물처럼 내린 비에

전주천 넘치겠네

골목 끝 막다른 집,
월남치마 입은 울 엄마 발걸음 소리가
꿈결에 아득하네

# 일기예보

방송국 예보는 빗나가기 일쑤
매번 그가 더 정확했다

마른기침은 미세먼지 주의보
허리 통증은 비 예보
이따가 또 분명 배가 고플 거라는, 경보

여고 동창회 간다
까톡, 까톡, 까톡, 까톡까톡까톡까톡까톡까톡
숨이 넘어가고
숨이 막힌다

태풍이 올 거라고
너울성 파도가 우리 집을 덮칠 거라고
마른하늘에 날벼락 친다

# 키스

빛바랜 앨범 속, 립스틱은 누가 지웠나

잡힐 듯 잡히지 않을 풀풀 풀 비린내 시절이었다

길고 긴 그 골목 불 꺼진 가로등 아래

하늘은 캄캄하고 구름은 솜사탕이었던가

오늘, 세상은 너무 환하고

장밋빛 입술에도 꿀 먹은 벙어리는 날아들지 않고

# 녹두꽃

뚜욱!
울면 순사 온다, 순사 와!
잡아가면 어쩌나, 우리 딸
뚝—

눈물 넘치게 목 놓아 울면
무서워 벌벌 떠는 시늉 하며 어머니는
두 손 오므려 나팔 불었다
대문 밖으로 크게 소리 질렀다
"순사 양바안, 순사 양반,"

솜이불 목까지 덮어주며
도닥도닥 비릿하고 까칠한 손바닥으로
세상 가장 낮은 음표로 은하수에
쪽배를 띄웠다, 자장자장

"새야 새야 파랑새야
녹두밭에 앉지 마라"

녹두꽃은 가물가물 시들고
파랑새는 훨훨 꽃베개를 업고 갔다

녹두꽃은
내 이불 속에 피는
사장가다

# 이모

백 살 이모가
낡은 반짇고리 속 실꾸리처럼
칭칭 감겨 있던 이모가
한 줌 재가 되었다

시곗바늘 붙잡아 놓고
밤새워 삯바느질하던
솜이불 시치던 솜씨 간데없다

외갓집 뒷마당의 홍시 한 소쿠리
국화꽃 대신 올려놓을까
부뚜막 옆 살강의 달챙이로
가슴팍 박박 긁어
촛불 옆에 담아놓을까

삼도천은 어찌 건너시려나,
행여 자꾸 눈 감기거든
앞섶에 꽂은 바늘로 손톱 밑을 찌르서요

노 없이 삿대 없이 먼 길 떠나는
우리 이모

# 꿈

시도 때도 없이 번개가 얼굴을 내리치는 통증에 냅다 소리 지르다 잠들었다

침대 모퉁이에 새우처럼 등 구부렸다

반백 년 내 단잠 속 골던 코,

내 안에 수직으로 꽂힌 그 깃발 휘청휘청 부러질 것만 같다

서랍 속 명함 서너 장, 아직은 아니라고 도리질 친다 파카 만년필이 자개 명패 앞에 두고 넥타이를 매고 앉아 있다

웃을 때는 절대 깨우지 마, 꿈 깼다

# 제3부

## 의자

반생이 스몄다

숙일 줄 모르는 주인 닮아 목뼈 빳빳하다

내비게이션처럼 나를 이끌던

은밀한 엉덩이를 내 반려보다 더 기억하는

빈센트 반 고흐 〈고갱의 의자〉 결 고운 곡선 같은

내가 길들인

내게 길들어진

낡은 나를 길들이는 늙은 의자

# 양은냄비

찌그러진 것은 나이테다 부글부글 밥을 끓이며 보글보글 찌개를 끓이며 그렇게 나이를 먹었다

하루에도 세 번씩 달아올랐다 탄내 나는 밥보다 속이 더 새까맣던 시절, 세상은 언제나 설익었다

찬장 아래 쥐구멍에 기어들고만 싶었다 연중행사로나 끓이던 삼계탕 속 닭인 듯, 멀쩡한 날개로 날지 못했다

뚜껑부터 들썩거리던 일용할 밥이 되고 국이 되던 찌그러진 양은냄비, 반백 년 버리지 못했다 눌어붙은 이력 지워지지 않았다

양은냄비처럼 찌그러져 쉬 끓고 금세 식던 시절이 있었다 엿이나 바꿔 먹을 걸, 쓸데없이 귀는 밝고 눈 어둔 시절이었다

## 싸리 채반

뒤척이며 한나절 가을볕을 쬔다

호박고지 무말랭이 가지를 핑계 삼아 세월의 몸피를 줄인다

토란대처럼 졸아든다

말린다는 건 제 안의 물기를 빼내는 일, 웅크려 자신마저 잊어버리는 일

호박고지를 뒤집는 등판에 계절이 깊다

서너 이랑 이마의 주름 골에 쟁여진 사연도 깊다

열아홉 젊으나 어린 서방님이 만든 싸리 채반에서 말라간다

할머니, 가을 볕처럼 바삭거린다

## 수평선

하늘과 바다가 맞닿는 수평선

태양이 걸려 아랫도리를 벗을 때, 실은 이미 그 아래 누워 있다고

그렇담 내 눈앞의 당신도 수평선 아래 뛰어내린 지 이미 오래?

높이 오를수록 희박해지는 공기처럼, 그대에게 다가서는 나는 컥컥 숨이 막히고

움츠러든 목에 머플러를 두르려는데, 허공에 당신의 모자가 걸려 있다

밤하늘 별빛도 휘어져서 내 눈에 들어온다는 기사가 속보로 떴고

수평선에 걸린 태양이 실은 수평선 아래에 누워 있다는 것

이 페이크 뉴스가 아니라면

나는 이미 당신에게 투항한 지 오래

## 이명

팔작지붕 아래 대청마루 현판
'풍패지관(豐沛之館)'

눈 어두워
읽을 줄 몰랐다

오지 않는 버스를 기다리며
먼지 쌓인 마루귀에 앉아
천장만 훑곤 했다

꾸욱 모자를 눌러 쓴 남학생이
'풍패지관' 또박또박 읽어 주었다
굵고 나지막한 목소리에 주눅 들어
얼굴 못 보았다

관통로 지날 때마다
자주색 가방의 시절이 두근거린다
내 사춘기를 관통한

굵고 나지막한 그 목소리가
이명처럼 들려온다

# 출판기념회

순간을 영원으로
한잔 술로 정을 채웠다
꼭 첫날밤의 입술만 같아서
온몸에 복사꽃 환하게 피었다

촛불은 누가 끄고
손뼉은 누가 치고 목청 돋웠는지
가물가물했다

육신의 거죽이 작아
허물 벗는 한 마리 뱀처럼
긴 밤이 짧았다

허물 벗은 몸뚱이에 온천물은
마냥 뜨거웠다

# 다물다

싸울 일도 없고
맞설 기력도 없고

어딜 싸돌아 댕기다 인자 와!
한마디 없이 이래도 되는 것여!
허허,
대놓고 송장 취급 항만,
따발총을 쏜다

사람은 그 사람인데
세월이 변한 거다

콩나물 사러 슈퍼 다녀온다는 말
까맣게 잊은 밴댕이 말고
나를 버린 세월이 야속하다
나를 꾹 다문다

# 반품 사절

내 안의 내가 폭발한다

성경 속 갈등 꾹꾹 눌러 열두어 가마
피 끓는 공적 예닐곱 권
가슴에 박힌 상처가 너무 많아
주엽나무처럼 가시를 품고 산다

소리 없이 박힌 못
밤새도록 뽑아내고 나니 피눈물이 두 됫박
후들후들 들숨 날숨 가빠진다

왼뺨과 오른뺨을 채반에 올려놓고 바짝 말린다
가시가 돋는다

가시는 뾰족해지고
용서는 작아진다

갈기갈기 바람을 찢는 내게

폭발한 내 안의 내게
밑줄 그어놓은 말씀 한 구절 담아 보낸다
옆구리 통증도 끼워 보낸다

“반품 사절”

# 관계

절벽처럼 위태롭다

내가 오래된 옹기를 깨뜨렸을 때
"괜찮아"는 위선이었나?
그녀가 말이 없다

내 실수를 벼리려는
담금질일까,
가장 가까이서 침묵하는 소리는
비와 빗줄기다

함부로 뱉어버린 껌처럼
뒷일은 위태롭다
못 뺀 자국이
구멍이라는 걸 알았을 때는 이미
잠긴 자물통이다

찔레꽃과 이슬방울 같은 것

나와 그녀는

오래된 옹기와 깨진 옹기 사이다

## 소리를 훔치다

삼백 년 제주 비자나무
그늘이 깊네
저 소리 없는 아름드리

나무는 온몸으로
팔색조 노래와 동박새 울음
돌담 틈새에 끼웠겠네

자글자글 풀벌레가
오름처럼 굽은 등을 끌고 가네
가슴속 오랜 그리움에 나는
비자나무 숨소리나 훔치려네

휜 가지에 걸린 파도도
야박한 시간에 말려 있는 바람도
차곡차곡,
나이테에 쟁여 있네

# 벌벌

귀머거리다
테레비 볼륨 크게 올린다

벙어리에 소경이다
택배 기사 벨 소리에 입 다물고
등기우편 문자 눈 감는다

대낮에도 걸어 잠그고
신발장 속 가지런한 남편 신발
부러 흩어놓는다
쩌렁쩌렁 울리던 목소리도
현관에 내놓는다

장기 입원 눈치챌까, 벌벌
안방 문 꾹 닫아둔다

# 옛 친구

다가산과 전주천 사이 도토리골
빛바랜 앨범이 야속하다

버들치가 거슬러 올랐던가,
손바닥만 한 골목 안 꽃밭에
접시꽃 분꽃 봉숭아꽃이 피어나면
바지랑대에 앉은 고추잠자리가
우리를 꼬드겼다

붉덩물 넘실대는 전주천
책가방 머리에 이고 건너오던,
소풍날이나 나눠 먹던 김밥을 말아
채송화 같던 친구를 불러낸다
찌그러진 담장 아래
나팔꽃이 반백 년째 피어 있다

숫눈길에 발자국 함께 새기던
소살소살 전주천이 흐르는 도토리골,

빛바랜 앨범 속 도토리만 한
친구가 살았다

## 삥땅

살기 위해 본능적인 움직임으로 삥당 쳤다

가마솥에 옥수수를 넣고서야
어머닌 솥뚜껑을 닫는다
모깃불 연기가 저녁 평상에 기웃거릴 때쯤
소쿠리에 담은 옥수수 네 개
부채 바람에 식어가고 있었다
매캐한 연기 바람은 옥수수 냄새를 실어 나른다

남동생 손에 쥔 옥수수는 달덩이처럼 컸고
북두칠성 별빛은 날 위로하느라 반짝거렸고

사춘기 여드름이 이마에 솟아
시계 초침 소리가 매번 맘대로 가고 있을 때
아들 둘, 딸 둘인 자식 중
아들을 먼저 저울에 올려놓고
몸이 약하다고 걱정을 하시는 어머니 목소리는
너울성 파도를 만들었다

굶주린 악어가 먹잇감을 사냥하듯
무자비한 포식자의 날쌘 손놀림은
남동생 옥수수와 바꿔치기하는 것
달빛 잡아당겨 툇마루에서 쾌감을 느꼈던 것

삥땅 친 날은 사춘기를 보듬어주었다

# 곰삭다

갈치젓 어리굴젓 새우젓 오징어젓 조개젓 밴댕이젓 황석어젓

두어 끼 곪어 빙글빙글 돌 때 제일 먼저 떠오르는 맛 반백 년도 더 된 맛

생각만으로 짭조름한

단추 눈 치켜뜬 아들놈, "꼬린내 나요!" 손사래 치는 맛

내가 먼저 푹 삭아야 아는

녀석은 이십 년 뒤에나 알까? 엄마 맛

# 제4부

# 개명(改名)

나의 고독을 퇴치할 작명소를 찾았다 운수대통 이름은 소리의 파동과 사주 분석을 통한 자원 오행 작명법, 작명의 대가 찾기로 했다 개명을 하면 운명에 좋은 영향 끼친다기에, 허약한 욕심으로 인생 역전으로 가는 운수대통 길 찾았다

브레이크 밀리지 않고, 미래의 운명에 사고를 치지 않는, 소리 지르면 전화도 걸어주는 비서가 동승하고, 내 갈 길 지도는 화살표가 달리고, 등받이가 시원 따뜻해서 오래도록 달리고 싶은 차, 바깥 풍경이 차 안에서 신선한 공기로 포옹하는 이름으로 바꿨다

늙음이 밝고 적극적으로 한 발짝 자신감 생기는 이름, 차창밖 풍경이 뒤로 사라지며 구름을 이고 달리는 차, 청춘이 쏟아지는 위풍당당, 도깨비 같은 마술사가 있어 생각을 탐색하고 아스팔트에 압축된 시간을 깔고 다니는 역마살 팔자인 이름으로 등록했다

좋은 이름이 명품이다

## 점(點)

살아온 시간이 점(點)이 되었다

살아서 고통을 이겨내기 위해
몸이 진화된 것

점은 위치만 존재하고 길이도 면적도 없어
고백하건대 원고지 위에 그릴 수 없는 가상적 사람이다
점이라고 볼펜으로 찍는 순간
점이 아닌 면이 된다

내가 그렇게 살았었다

선(線)은 두 점을 연결한 것
점의 집합이다, 생과 사를 넘나든다
생의 갈증 보상받고 싶을 때
무릎 꿇고 엎드려 살았다

선은 점이 이동한 궤적을 가리키며

폭과 부피는 없고 길이와 위치만 있어
내가 서쪽으로 양팔 휘저을 때
태양의 흔적은 고사목으로 길게 눕는다
살아있는 사람처럼 움직이는
마법 같은 현실을 소통하고 싶다

# 가상 인간을 사랑하여

이런 날엔 빨간 동그라미가 달력을 그린다

멀쩡했던 구름이 까만 복면으로 얼굴을 가린 날
천둥 번개를 몰고 우박 쏟아지는 여름
아직 청춘이듯 파릇한 사과는
맨땅바닥이 제 집인 양 뒹구는 깊은 상처로
내가 사랑할 인간을 생각으로 조각한다

오랜
별과의 사랑처럼
깜빡이지 않고 속삭여 보았을까?
구름 뒤에 숨어 삐죽 발꿈치만 내밀고
헛발질하며 시치미를 떼며
온몸을 휩쓸어 느티나무 옹이처럼 나를 끌고 다녔다
웃을 때마다 코언저리를 손바닥으로 쓰다듬는 짧은 순간
흰 와이셔츠 단추가 곁눈질하는 사내

냉면 양푼에 넘치도록

가득, 넘쳐서 싫증이 났던, 열정을
쇠똥구리가 똥구멍으로 똥을 굴리듯 밀고 갔다

지치지도 않고 늙지도 않을
스캔들 없는 사내
새 유리창처럼 우아하고 절제된 광채를 잡아당긴
디지털로 만든 사내, 휴먼에게
미묘한 빛깔 광활하게 펼친 빙하수 마시며
소리를 내봐,
쓸쓸한 내가 나를 위하여 부탁해

# 고통이 고통에게

고통이 고통에게 말을 건네면
첫 키스처럼 뜨거워질까요

사랑은
아파할 줄 아는 사람에게 찾아오는
신의 선물

나는 고통을 사랑합니다

장미의 향기가
날카로운 가시에서 피어나듯

나의 사랑도
고통의 무늬였습니다

# 풍금 소리가 들리는 몽돌

거제도 바람을 품고 온 여차 몽돌이 화장대 거울 빛에 푸른 바다가 되었다 해마다 12월이면 풍금 소리가 들리는 곳, 첫사랑의 울림과 색이 전설처럼 기억하는 파도

몽돌밭에서 모난 돌처럼 살아온 사랑, 몽돌이 우릴 잡아당기며 매달린 지 몰래 반백 년 흘렀다

풍금 소리는 흑진주 빛 몽돌이 바다로 가고 싶은 눈물, 몽돌해변 바다 품에 안겨주리라 했었는데, 움푹 팬 몸은 기울어 생각은 흐릿흐릿 바람에 휘감기고 꼿꼿했던 척추는 휘어져 빚을 지고 산다

안방 오가며 몽돌 만지작거리다가 삶이 절망적일 때, 짐 보따리처럼 무거울 때, 아픈 영혼 끌어올리는 몽돌이 파도 시늉하며 그리움을 위로한다

## 옷장 속의 전설

여름 장마에 오래된 옷 정리했더니 옷장에서 울음소리 난다 바깥세상 구경 가자고 외출한 적 없는 멋진 새 양복이 크게 훌쩍거린다 포장 그대로 답답해서 가슴 젖히며 눈물 닦고 있다

몇 년을 꼼짝달싹하지 않은 양복, 아들이 젊은 아버지 그때가 그리워 사준 양복이 오래되어 어깨에 먼지 쌓였다 얌전히 캄캄한 공간에서 주인을 불렀을 양복은 어깨 자국이 불룩 불거졌다 몸에 걸치고 뽐내고 싶었다는 소리가 옷소매 끝에서 들렸다

바지 주름이 곧 돌아올 추석을 기억하고 활개 치고 싶다는 시늉을 한다 시곗바늘 지나간 흔적이 긴장을 풀어 흐물흐물해졌다 허리가 불어나고 키도 쪼그라든 주인을 위하여 바지가 변모하고 있었을 것

양복은 구두와 네트워크를 만들고 구두는 주인의 발 크기에 따라 무게를 점검하고, 응급실 오가는 날을 냄새로 시간을 쌓아놓는 옷장이다, 신발장이다, 생사를 옮겨가며 주인의 생

을 살았을 눈물이 옷장 여닫을 때마다 소리가 들린다

# 전주천

목청을 가다듬는 전주천
장단은 고수 몫이었다
온고을 사람들 어깨 들썩이며
추임새를 넣었다

새벽 쌍샘 물을 길었다
녹두 갈아 묵을 쑤었다
청포꽃 핀 양푼 가득 밥을 비볐다
도란도란 천년 꽃피웠다

남천교 서천교 추천교
싸전다리는 한시도
인적 끊긴 적 없었다
남부시장 좌판 왁자한 사람 냄새는
완산칠봉 매화보다 향기로웠다

한벽루 푸른 그늘에 앉아
천년을 짚어볼 수 있는 것도

쉼 없는 전주천 덕분이리
어깨춤 덩실덩실 온고을 사람들이
아직 수천수만 년을 더
흘러내릴 때문이리

# 앵두

업고
달래고
쓰다듬고
애지중지 키운 너

가랑비 스미고
햇볕 서너 발 자울거리더니

어쩔거나,
이제 나를 잊었구나

마당 한 가득 그늘이다

# 호박잎 된장국

쓰나미가 밀려오듯
치솟는 그리움
돌아갈 수 없는 마음의 양념이다
기억을 되살려
보고픈 냄새를 국물에 푼다
콧잔등이 시큰해진다
밤 깊도록
도랑물 소리와 개구리 합창이
탱자나무 울을 넘는다

호박잎 된장국이 보글보글 끓고 있다

# 섬진강

화계 십리 꽃길에 앉아
지는 꽃잎을 본다

남해로 가는 물살이
갈증을 풀어준다
바위 사이를 휘돌아 세월이
강처럼 흐른다

대대로 흘러간 사람들
대숲 바람 소리에
거룻배가 되어 저 강을 건넜으리
흘러 강이 되기 위해
막히면 돌아서 갔으리

낮은 데로 흘러야 산다,
쉬지 않아야 썩지 않는다,
굽이굽이 갔으리
멀찌감치 구름도 따라 흘렀으리

흐르는 섬진강에 벚꽃이 진다
꽃 그림자 지우며 답답한
나도 따라 저문다

# 무궁화 꽃이 피었습니다

동학농민의 땅 삼례에 간다
칠월 뙤약볕 머리에 이고 달린다
도로 양쪽에 무궁화 꽃이
활짝,

일본제품 불매운동
경제보복 규탄하러 애국가 불렀다
화려강산 나라꽃이
마음속에 피어났다

"삼천리 강산에 우리나라 꽃"
팔짝팔짝 고무줄에도 피었고
"무궁화 꽃이 피었습니다"
술래에게 귀띔해 주던 전봇대에도
피었었다

빛바랜 태극기 펄럭이며
독립군가로, 사발통문 이름 석 자로

죽창 들고 섰었다

삼례 장터 골목에도
무궁무궁 무궁화 꽃은 영원히 피고
피어서 지지 않고 있었다

## 악성종양

마산만 돌섬이 발병했다
대교 아래에 콘크리트 섬이 우뚝 솟았다

바람도 파도를 비껴가고
고요만 반짝거리던
울안 텃밭 같던 앞바다에 종양이 생겼다
치사율 백 퍼센트

숨이 막힌 바다가 시름시름
제 빛을 잃어가더니
죽은 물고기가 둥둥 떠오른다

바다가 사람을 포기하면 세상이 병드는 법
인간은 제 생명이 온 바다를 버리고
어디로 가려는 걸까,

고요를 잊어버린
손뼉 치듯 물비늘을 뒤집던 바다엔 이제

갈매기도 내리지 않는다

메스로 도려낼
용한 집도의는 대체 어딜 가서 찾아야 하나,
불 밝혀 길 나서는 듯
담박질 치는 태양이 수평선에 걸려 있다

인간들이 콘크리트로 메꾼 건
마산만이 아니라 제 가슴이다 자본이 키운 건
땅이 아니라 종양이다

# 이팝꽃

이팝꽃 한 소쿠리 머리에 이고
허기 채우려 달렸다

고깃국에 이밥,
고봉밥 먹는 꿈이 앞장서 뛰었다

싸전다리 건너 초록바위에 앉아
배곯은 영혼들의 울음소리도
배 터지게 비벼 먹었다

이팝꽃 환하던 오월이면
밥그릇 오가는 숟가락도 고봉이었다
허기로 늘 헛배 불렀다

해설

# 인생길에 관한 처연한 고찰

안성덕 시인

사람의 일생을 '길'에 비유한다. 인생길, 태어나 뼈를 세우고 살을 불리고 세월이 흘러 나이가 드는 사람의 평생이 길이라는 얘기다. 태어나서 죽을 때까지의 인생길은 각기 다르다. 시대에 따라 사람에 따라 다르다. 지극히 시대적이고 개인적이다. 수렵시대의 길과 농경, 산업화 시대의 길이 달랐다. 4차 산업혁명이 시작된 오늘날의 길이 또 다르다. 길이와 너비가 제각각이다. 시대적으로 용인되고 요구된 길이 다른 때문이다. 또 그 길 위에 서 있는, 그 길을 가야 하는 사람의 개인적인 능력과 성향에 따라 의식에 따라 길은 달라질 수밖에 없기 때문이다.

길의 사전적 의미는 "어떤 곳에서 다른 곳으로 이동할 수 있도록 땅 위에 낸 일정한 너비의 공간"이다. 공간은 길이와 폭과 높이가 있다. 같은 체적이라 해도 그 길이와 폭과 높이가 다르다. 그러니 시대에 따라 한평생 가야 할 인생길이 다 같지 않은 것은 자명하다. 제각각인 사람에 따라 그 길의 크기도 모양도 내용도 다른 것이다. 조건도 다르다. 시쳇말로 금수저 물고 와 평생 비단길만 가는 사람이 있고, 흙수저 물고 와 죽을 때까지 진창길만 걷는 이도 있다. 대물림된 부와 명예와 권력으로 세단 타고 가는 길이 있고, 시시포스의 형벌처럼 평생 커다란 바위를 산꼭대기로 밀어 올려야 하는 길도 있다. 시시포스는 신을 기망한 죄로 굴러떨어질 것이 빤한 바위를 산꼭대기로 옮기는 벌을 받았다지만, 평생 길 위에 서 있어야만 하는 우리의 죄는 대체 무엇일까? 알베르 카뮈(Albert Camus)의 말대로, "아마도 살아간다는, 또 살아내야 한다는 것이 이유"라면 그 이유일 것이다.

잘 닦여진 길을 운동화 신고 시작했건 진창길을 맨발로 시작했건 길에는 저마다의 여정이 있다. 각각의 앞에 펼쳐진 길이 이미 다른데, 출발점이 이미 다른데, 그 길을 떠난 시각이 다른데, 똑같은 생각으로 똑같은 걸음으로 갈 수는 없다. 토끼의 길과 거북이의 여정이 다른 법이다. 이 역시 살아간다는, 또 살아내야 한다는 것들의 숙명일 것이다. 살아있는 것들의 평생은 결국 길의 역사다. 길의 기록이다. 가야 할 길이 멀고 험하다고 한곳에 머물러 있을 수는 없다. 길 가지 않는 것들은 이미 죽은 목숨이다. 따지고 보면 사람의 평생은 자신에게 맞지 않는 길을 고치고, 바꾸려 애쓰는 과정이라고 할 수도 있겠다. 그 길에 나를 맞추는 일이라 하겠다.

제각각의 보폭과 속도로 가야만 할 인생길, 세상의 요구와 허용이 변수로 작용한다. 수렵 채집 시대는 속도와 길이가 문제였다. 남들보다 더 멀리 더 빠르게 가 먹이를 구하면 충분했다. 산업화 시대에는 더 멀리 더 빠르게 가 더 많은 것을 얻기 위해 길을 넓히고 탈 것을 발전시켰다. 산업화 시대까지는 사람의 평생이 더 멀리 더 빠르게 가, 더 크고 더 많은 것을 얻기 위한 노력이었던 셈이다. 그러나 세상이 바뀌었다. 이제 단순히 거리와 속도와 양을 요구하던 시대는 갔다. 거리와 속도와 양의 문제라면 과학으로 해결된다. 오늘날의 첨단과학으로도 해결할 수 없는 그 무엇이 문제다.

이소애 시인이 여섯 번째 시집을 상재했다. 《수도원에 두고 온 가방》(2018, 문학의전당) 출간 후 3년 만이다. "랭보가 말한 견자(見者)의 경지에 이르러 무의식의 인식을 건너 경계를 넘나들고, 변용하고, 역설하며, 수직의 불상들을 수평으로 눕혀 전 생애로 굽이치게 하는 영성의 바다를 창조"한다는 평을 받은 후 그의 시력은 더 멀어졌다. 사유는 더욱 깊어졌다. 시류와 결과에 연연하지 않는다. 재촉하지 않고 '쉬엄쉬엄' 제 길을 간다. 가던 길 멈추고 왔던 길 뒤돌아본다.

## 1. 인생길, 운명 혹은 숙명

야생화를 좋아했다
구속과 해고의 바람을 견뎌온
나비 한 마리 허공을 간다

살아서 돌아가지 못한
공장 마당을 나풀나풀 날고 있다

복직은 울 너머 장다리 밭 같은 것
사막의 신기루 같은 것
나비 한 마리
평생 헛발을 딛고 날았다

운명처럼 허공을 딛어야만 했던
나비 한 마리
꽃잎처럼 졌다
짧으나 짧은 봄볕을 헤치고
울 너머 간다

—「나비」 전문

나비로 상징된 삶이 있다. 꽃을 싫어하는 사람 어디 있으랴, 그도 나비처럼 "야생화를 좋아했다". 그러나 수상한 세월 탓에 "구속과 해고의 바람을" 피할 수 없었다. 나비는 나풀나풀 우아하게 날지 않는다. 날 수가 없다. 허공을 딛고 꺼질 듯 꺼질 듯 한 걸음, 한 걸음 날아간다. 허공을 딛는 걸음이 편할 리 없다. 나비처럼 "평생 헛발을 딛"는 자에게 시절은 엄혹하다. "울 너머 장다리 밭"엔 꽃이 피었을 봄이지만, 세상은 언제나 신기루 같다. 죽을 둥 살 둥 금은보화가 그득하다는 무지개 끝에 찾아가 봐도 무지개는 또 멀어지듯, 그렇게 평생 "헛발을 딛고 날았다". 알에서 애벌레로 번데기로 나비로 이어지는 나비의 길이야 한 해에도 몇 생이라지만 어디 사람의 평생이 그러하랴. 장다리 밭 찾아 울 넘어가지 못한 나비 한 마리 "꽃잎처럼 졌다". "짧으나 짧은 봄볕을 헤치고/울 너머 간다". 나비가 된 그가, 살아서 되돌아가지 못한 "공장 마당을 나풀나풀 날"아가고 있다. 지고 있다. 길이 아니면 가지 마라, 했건만 사람의 평생이 어디 그렇던가. "소리 없이 박힌 못/밤새도록 뽑아내고" "피눈물"(「반품 사절」)을 흘리며 또 길을 가는 게 인생이다. "이정표 없는 먼 길에 풀풀/흙먼지 날"(「삐걱」)리며 간다. 숙명처럼 길 위에 서 있어야 할 인생, 길 아닌 허공에 길을 내고 간다. 개똥밭에 굴러도 저승보다 이승이 낫다더라. 다음 생은 나비로 오지 마시라, 나비여.

제9호 태풍 '쁘라삐룬' 경로가 심상치 않다

돌려쓴 카드 막지 못해
관광버스처럼 빨간 딱지 붙었다
18평 임대아파트는 밤마다
꿈길 사납다

구경하며 돈도 버는,
꿩 먹고 알 먹을 것 같았다
급전 끌어 산 관광버스가
역마살 김 기사의 발길을 잡는다

먼 옛날 굴러다녔다던
코로나 택시도 아니고 코로나19에
가을 대목도 글러먹었다

아슬아슬 곡예 운전 전문이지만
김 기사,
코로나 경로에 눈 뗄 수 없다
강원도 25명 확진!
제길, 내일 설악산도 빵구다

코로나 비껴가는 청정지역은 없습니다,

태풍이 예사롭지 않다

—「태풍」 전문

인생길엔 왜 경고가 생략될까? 옐로카드도 없이 레드카드를 내밀까? 살아보고 사는, 예습하고 가는 길이 어디 있다고 막무가내로 퇴장시킬까? 울긋불긋 단풍 같은 관광버스에 "빨간 딱지 붙었다". 필경 사달이 난 거다. 인생을 임대한 게 아니건만 "18평 임대아파트"의 밤은 매일 "꿈길 사납다". 신용카드처럼 돌려막을 수도 없는 인생, 애초 잘못 든 게 분명하다. 세상에 산 좋고 물 좋고 정자까지 좋은 데가 어딨다고, "구경하며 돈도" 벌겠다는 생각이 발단이었다. 김 기사의 역마살이 문제였다. 소금 팔러 나서면 비 오고 밀가루 팔러 나서면 바람 분다더니, "급전 끌어" "관광차"를 장만하자 코로나19가 판친다. "가을 대목도 글러먹"은 게 분명하다. "곡예 운전이 전문이지만/김 기사" 제 인생 운전은 완전 초보다. 한 굽이 돌아봐도 또 한 굽이 돌아봐도 구불 길이다. 구멍 난 타이어야 때우면 그만이지만, 빵구 난 제 인생이야 어쩔 수도 없다. 인생길에도 "태풍"처럼 경로가 있을 터, 일기예보 아니 인생예보에 귀를 기울인다. 그러나 "빗나가기 일쑤"(「일기예보」)인 통보관의 예보는 항상 '곳에 따라 소나기'다. 문제는 그 '곳'이 항상 나라는 것이다.

## 2. 쉬엄쉬엄

진도 맹골죽도 갯바위 돌미역은 낫 자국이 있다 미역귀에서는 거친 파도 소리가 난다

따개비처럼 바위에 붙어살았다 파도인 양 바람인 양 평생 갯바위와 한몸이었다

물고기처럼 바닷물에 젖어 있는 김서운 할매네 돌담 아래 세워둔 김발, 핏빛 노을이 물들고 있다

맹골죽도 사람들 날마다 미역국을 끓이는 건, 살아남은 그날 그날이 생일이기 때문이다

—「미역국」 전문

햇살 좋은 베란다에 내 나이쯤, 돌확이 있다 철들기 전부터 어머니는 보리쌀이며 고추 가는 일을 시켰다

나이 든 나처럼 허전할 것 같아 누름돌 두 개를 얹어놓았었다 여차 몽돌해변의 파도 무늬 돌

둥둥 떠가는 풍선 같은 마음 잡아놓던 누름돌, 마늘장아
찌를 눌러뒀다 장아찌가 마침맞게 맛이 들었다

맛깔 나는 짠맛이 온몸에 스며든 장아찌, 너를 향한 내
그리움 같은 파도와 갈매기 소리 욱여넣었을 터다

—「누름돌」 전문

돌미역은 주로 갯바위에서 채취한다. 낫으로 툭툭 쳐낸다. 파도에 쓸리는 몸이 위태위태하다. 파도를 맞고 갯바위에 붙어사는 "미역귀에서는 거친 파도 소리가" 날 게 분명하다. 갯바위에 붙어사는 "따개비처럼" 우리도 세월에, 세상에 빌붙어 사는 터다. 나보다 강한 것을, 파도와 세상을 이겨내려면 "파도인 양 바람인 양 평생 갯바위와 한 몸이" 되어야 한다. 있는 듯 없는 듯 나를 누르고 세상과 "한 몸이" 되어야 한다. 우리는 생일날 미역국을 먹는다. 유래야 어쨌든 생일날엔 미역국이다. "맹골죽도 사람들 갯바위 돌미역"으로 날마다 미역국을 끓인다. "그날 그날이 생일"이라는 말이다. 날마다 목숨을 걸고 산다는 말이다. 매일매일 다시 태어난다는 말이다. 뜨건 미역국을 후후 불어 떠넣으며 한숨 돌린다. "햇살 좋은 베란다에 내 나이쯤, 돌확"을 "누름돌로 눌러" 놓았다. 돌확에 무거운 누름돌 두어 개를 얹어두는 건 "철들기 전부터" "보리쌀이며 고추 가는 일을 시켰"던 어미니를 불러보는 일이다. 아

득한 내 지나온 길에 쉼표를 찍는 일의 다름 아니다. 그렇게 한 호흡 고르는 사이 "누름돌" 눌러두었던 "마늘장아찌"가 "마침맞게 맛이" 든다. 인생길도 그럴 것이다. 길과 길 사이에 숨 고르기가 필요한 이유다.

한낮 마당에
없던 그림자가 얼씬거린다
해고당했다는 말 없었지만
뜨끔하다

일없이 신문을 뒤적거리다가
"일자리 해결"
"코로나 쉼쉼 경영"
쉼쉼 백신 처방에
밑줄 긋는다

4일 근무에 3일 쉰다는
3일 일하고 4일 논다는 말 안심이다
코로나 쉼쉼,
월화수목 뼈 빠지고 금토일 또 쌔 빠진
네겐 특별휴가 아니겠냐

네 그림자의 양어깨가 수평을 잃었구나
그래 쉼쉼 아니
쉬엄쉬엄,

—「쉬엄쉬엄」 전문

20세기 말 IMF 귀신에 놀랐다. 불과 20여 년 전의 일이다. 10년쯤 뒤 글로벌 금융위기라는 또 한 번의 귀신 출몰이 있었다. 혼비백산 혼쫄이 났었다. 전진만이 살길이요, 앞날은 탄탄대로라고 믿고 있던 우리는 그만 넋이 나갔다. 한강의 기적이라는 말로 갈음되기도 하는 우리의 산업화는 세계의 주목을 받았다. 높은 교육열, 근면한 국민성, 하면 된다는 믿음 등의 결과이리라. '빨리빨리'가 몸에 밴 우리는 쉴 줄도 몰랐다. 낮은 낮이요 밤도 낮이라 여기며 일 속에 빠져 허우적거렸다. 독재도 경제부흥이라는 이름으로 용인(?)되던 시절이었다. 지금은 어떤가. 전대미문의 괴질 코로나19로 전 세계가 고통을 겪고 있다. 산업이 고도화될수록 경제가 발전할수록 빈익빈 부익부는 심해진다. 자본주의의 함정이요 아이러니다. "한낮 마당에/없던 그림자가 얼씬거린다/해고당했다는 말 없었지만/뜨끔"할 수밖에 없다. "코로나 쉼쉼", 없어지는 일자리를 나누자는 고육지책이다. 언제까지 철밥통일 줄 알았던 자리가 그게 아니라다 가족의 처진 어깨를 보고 있는 마음도 무섭나. "4일 근무에 3일 쉬나는/3일 일하고 4일 논나는 말"에 안심한다. 앞만 보고 달려온 우리, 한숨 돌리고 가라는 코로나19다. "실수를 벼리려는/담금질"(「관계」)처럼 "관성을 버리고"(「돌아오기 위해 떠난다는」) 한 템포 쉬어야 한다. "그래 쉼 쉼 아니/쉬엄쉬엄,"이다. 엎어진 김에 쉬어가자, 엎어지기 전에 쉬어가자. 쉬어야 더 멀리 더 오래 제 길 갈 수 있다.

### 3. 되돌아보다

흐릿흐릿 흔들리며 노인이 간다
신발이 끌고 간다

어물전 휘돌던 생각
고개 끄덕 눈인사로 발길 옮긴다
형제 생선은 동생만 우두커니,
간 갈치 좌판 기침 소리 흔적 없다
어물전 가로질러
아슬아슬 포개놓은 옹기장사 빈자리에
초봄 햇볕이 졸고 있다

순댓국에 왕대포 한잔
전주천 바람을 두르고 휘청거리던 걸음

신발은 기억한다

완산칠봉 매화꽃 필 무렵
이름뿐인 쇠전다리 건너 남부시장 가는
노인보다 닳은 신발이 있다

—「신발」 전문

산천은 의구한데 인걸은 간데없다던가? 가는 세월은, 시쳇말로 유수와 같다는 세월은 문학의 대표적 소재다. 어쩌랴, 세월이 가면 사람도 따라가야 하건만, 몸이 가면 마음도 따라가야 하건만, 세월 따로 몸 따로요 몸 따로 마음 따로니 멀미가 날밖에. 그러니 당연히 약속한 세월이나 탓하는 수밖에. 멀미라는 게 두 물체 사이의 속도 차이 아니랴, 간극 아니랴. "흐릿흐릿 흔들리며 노인이 간다/신발이 끌고 간다". 신발이 세월을 잊지 못하는 노인을 끌고 추억 속으로, 길 속으로 간다. 천관녀를 찾아간 김유신의 말처럼 간다. 교과서 속 '의좋은 형제' 이야기처럼 동생을 먼저 챙겨주던 형은 이제 가고 없다. "동생만 우두커니", "아슬아슬 포개놓은 옹기장사 빈자리에/초봄 햇볕"처럼 졸고 있다. 흔들흔들 흔들리며 신발에 끌려가는 노인도, "순댓국에 왕대포 한잔"으로 시름을 달래며 먼 세월 건너왔을 것이다. 의구하다는 산천은 올봄도 "완산칠봉 매화꽃"을 어김없이 피워내겠지만, 노인의 길에도 어물선

형제의 길에도 언제 한번 활짝 꽃핀 적 없었다. 반추는 초식 동물이 사는 방식이다. 사방팔방 적뿐인 약자들의 일이다. 천적들이 나타나기 전에 한 입이라도 더 뜯고 안전한 곳에 가서 천천히 되씹는 삶의 방식이다. 자신보다 "닳은 신발"에 끌려가는 노인이 평생을 걷는 방식이다.

찌그러진 것은 나이테다 부글부글 밥을 끓이며 보글보글 찌개를 끓이며 그렇게 나이를 먹었다

하루에도 세 번씩 달아올랐다 탄내 나는 밥보다 속이 더 새까맣던 시절, 세상은 언제나 설익었다

찬장 아래 쥐구멍에 기어들고만 싶었다 연중행사로나 끓이던 삼계탕 속 닭인 듯, 멀쩡한 날개로 날지 못했다

뚜껑부터 들썩거리던 일용할 밥이 되고 국이 되던 찌그러진 양은냄비, 반백 년 버리지 못했다 눌어붙은 이력 지워지지 않았다

양은냄비처럼 찌그러져 쉬 끓고 금세 식던 시절이 있었다 엿이나 바꿔 먹을 걸, 쓸데없이 귀는 밝고 눈 어둔 시절이었다

—「양은냄비」 전문

주방의 식기들이 다양해졌다. 용도에 따른, 재질에 따른 그릇이 이루 다 셀 수 없을 정도다. 요즘은 이가 빠졌거나 찌그러진 그릇을 쓰지 않는다. 그러나 옛날엔 이 빠졌다고, 찌그러지고 칠 벗겨졌다고 버리지 않았다. 그 시절 어느 집 부엌이나 한두 개 있었던 "양은냄비"는 조금만 부딪혀도 금세 찌그러졌다. 아끼느라 깨끗이 닦으면 밥풀때기보다 먼저 칠이 벗겨졌다. 사람이나 "양은냄비"나 "찌그러진 것은 나이테다". "부글부글 밥을 끓이며" 부글부글 애를 끓이며 "그렇게 나이를 먹"은 것이다. 찌그러진 길이니, 쉬 끓던 "양은냄비"처럼 "하루에도 세 번씩 달아올랐"을 터이다. 설익은 세상은 탄내 나는 밥보다 더 새카맸을 것이다. 그런 길 위에서니 "찬장 아래 쥐구멍" 말고는 숨어들 곳도 없었을 터이다. 애면글면 지나온 길이 "눌어붙은 이력"처럼 지워지지 않는다. 짐짓 지워지지 않는다지만 실은 지울 생각이 전혀 없는 것이다. "양은냄비처럼 찌그러져 쉬 끓고 금세 식던 시절"을 "엿이나 바꿔 먹을 걸," 하고 후회하는 길이 신파가 아닌 건 "쓸데없이 귀는 밝고 눈 어둔 시절이었다"는 자각에 있다. 옛일을 떠올리며 잠시 뒤를 돌아보는 일은 세 실을 너 멀리, 더 안전하게, 더 똑바로 가려는 방편이다. 비움의 다른 말인 쉬엄쉬엄, "빈 듯하던/꽉 채운 물항아리기/비로소 텅 비어/충만하"(「비움」)다는 걸 안다.

세상에 와 제일 먼저 배우는 일이 걸음마다. 엉금엉금 기는 아가에게 부모는 한 발 한 발, 걸음을 떼게 한다. 손뼉을 치며 걸음마를 기뻐하고 축하한다. 말보다 먼저 걸음마를 가르치는 것은 사람의 평생이 길 위에 서 있기라는 걸 알기 때문이다. 아직 태어나지도 않은 뱃속 아가의 신발을 장만하는 부모들, 걷는 일의 고단함을 익히 알기 때문이다. 걷는 능력이 성공으로 치부되곤 한다. 인생길, 누구는 태어날 때부터 앞에 서고 또 누구는 기울어진 운동장 저 아래 서 있다. “사는 일 역파도의 소용돌이일지라도/잡은 손 놓치지 않으려” “흰 거품 목에 감고 장바닥을”(「바다와 파도」) 기는 게 인생이다. 그러니 사람의 지혜라는 것이, 앎이라는 것이, 길을 넓히는 일이요 길을 줄이는 일이 분명하다. 길을 아는 일의 다름 아니다.

개천에서도 용이 나던 시절이 있었다. 그러나 이제 더는 개천에서 용이 나지 않는다. 개천에는 피라미 몇 마리 살 뿐이다. 왕대밭에서 왕대 나고 신우대밭에선 신우대가 난다. 그러나 어쩌랴, 저마다 타고난 유전자가 다르고 처한 환경이 다른데 우리는 똑같은 방식으로 길을 가려 한다. 추락과 후회가 기다리고 있을 줄 뻔히 알면서도 말이다. 언젠가부터 목적지가 목표가 되어버렸다. 결과 못지않게 과정이 중요하다는 걸 애써 모르는 척한다. 쉼을 모르는 우리, 목적지에 도달이 목표이다 보니 과정이 무시된 지 오래다. 여행지에서도 마음에

담기보다는 사진에 담을 뿐이다. 찰칵찰칵 셔터를 누르며 가이드의 깃발만 따라다닌다. 그러니 길모퉁이에 어떤 이야기가 있는지, 길섶에 어떤 풀꽃이 피어 있는지 관심도 없다. 지저귀는 새를 보고 우는 것인지 노래하는 것인지 굳이 알려고 하지 않는다. 운명의 숙명의 인생길, '쉬엄쉬엄' 갈 일이다. 졸졸 흐르는 개울에 부르튼 발도 담그고, 정자나무 그늘에 들어 이마의 땀도 씻으며 갈 일이다. 앞만 보면 시야가 좁아진다. '되새김'하듯 가끔은 뒤를 돌아봐야, 뚜벅뚜벅 찍고 온 제 발자국을 확인해봐야, 바로 갈 수가 있다.

눈코 뜰 새 없이 바쁠 때는 못 본다. 곁눈질할 틈이 어디 있으랴. 다리 쉼 할 겨를 어디 있으랴. 뚫어지게 앞만 응시해도 자꾸 뒤처진다. 새벽밥 먹고 나섰으나 아득할 뿐이다. 이소애 시인의 『쉬엄쉬엄』은 잠시 다리 쉼이, 잠시 뒤돌아봄이 세상의 폭을 넓히는 묘약이라는 소리 없는 웅변이다. 흘러간 물로 물레방아를 돌리자는 말이 아니다. 가끔은 먼 산에 눈길 던지며 한눈파는 것이, 역설적이게도 빛의 속도로 변해가는 5G 시대의 길 가는 방식이라는 귀띔이다. "피 울음 울던 영혼인 듯/한 시절 당당했던/꽃대에 얹힌 노을"을 보고 "마음속 마른 잎맥의 고요를 꺾는다"(「붉다」). 노을 따라 붉을 줄 아는, 열심히 길 걸어본 자만이 체득할 수 있는 삶에 대한 작은 고찰이자 혜안이다. "나이테 속 나를" 알아채며 젊은 날의 "몸짓이 들"리고 "발짓이 보"이는 "용시라는 암호를 해독할 수 있"(「용시」)는 경지에 도달한 것이다. “백 살 이모”의 “낡은 반짇고리 속 실꾸리처럼/칭칭 감겨”(「이모」) 있는 길 스스로 풀어야 한다면, 걸어가야 할 세상의 길이 같고 그 길을 가는 개개의 능력이 다르다면, 제 능력에 맞게 길을 바꾸고 걸음을 바꾸고 나를 바꾸면 될 일이다. “내년 봄 새잎 돋으려 저렇게/털어내는 거다”(「안심」) 안심하는 경비원 김 씨처럼, “등에 업힌 막냇동생 칭얼거리”고 “암만 영어 단어를 외워도/영 외워지지 않”아도, “연탄불은 꺼져가고 쌀독은 비”어도 “찔끔찔끔”(「월남치마」) 울지 말자고 이소애 시인이 다독인다.

“길은 인간을 오직 전방으로만 내몬다. 길 위에서는 오직 목표를 향해 가장 짧은 거리를 가장 짧은 시간에 가도록 노력하는 것만이 유일하게 의미 있는 행위”라는 O. F. 볼로우의 말은, “오로지 목표만을 향해서 최단 거리로 달려가라는 기능적인 말은, 고속도로는 넓은 길이지만 그것은 시골의 오솔길보다 더 좁은 길이라고 할 수밖에 없다”는 이어령의 말로 대체되어야 한다. “길은 할인도 없고 덤도 없다”고 F. 카프카가 말했다.

문학의전당 시인선 341

# 쉬엄쉬엄

ⓒ 이소애

초판 1쇄 인쇄 2021년 8월 13일
초판 1쇄 발행 2021년 8월 20일
지은이 이소애
펴낸이 고영
디자인 헤이존
펴낸곳 문학의전당
출판등록 제448-251002012000043호
주소 충북 단양군 적성면 도곡파랑로 178
전화 043-421-1977
전자우편 sbpoem@naver.com

ISBN 979-11-5896-521-1 03810